Mi biblioteca de ingeniería

Diseño y construcción hacia abajo

Nikole Brooks Bethea y Alma Patricia Ramirez

Rourke Educational Media
A Division of Carson Dellosa Education

ROURKE'S **SCHOOL to HOME** CONNECTIONS

ANTES Y DURANTE LAS ACTIVIDADES DE LECTURA

Antes de la lectura: *Desarrollo del conocimiento del contexto y el vocabulario*

Desarrollar el conocimiento del contexto puede ayudar a los niños a procesar la información nueva y usar como base lo que ya saben. Antes de leer un libro, es importante utilizar lo que ya saben los niños acerca del tema. Esto los ayudará a desarrollar su vocabulario e incrementar la comprensión de la lectura.

Preguntas y actividades para desarrollar el conocimiento del contexto:

1. Ve la portada del libro y lee el título. ¿De qué crees que trata este libro?
2. ¿Qué sabes de este tema?
3. Hojea el libro y echa un vistazo a las páginas. Ve el contenido, las fotografías, los pies de fotografía y las palabras en negritas. ¿Estas características del texto te dieron información o predicciones acerca de lo que leerás en este libro?

Vocabulario: El vocabulario es la clave para la comprensión de la lectura

Use las siguientes instrucciones para iniciar una conversación acerca de cada palabra.

- Lee las palabras de vocabulario.
- ¿Qué te viene a la mente cuando ves cada palabra?
- ¿Qué crees que significa cada palabra?

Palabras de vocabulario:

- *perforar*
- *ataguías*
- *banda transportadora*
- *túneles*

Durante la lectura: *Leer para obtener significado y entendimiento*

Para lograr la comprensión profunda de un libro, se anima a los niños a que usen estrategias de lectura detallada. Durante la lectura, es importante hacer que los niños se detengan y establezcan conexiones. Estas conexiones darán como resultado un análisis y entendimiento más profundos de un libro.

Lectura detallada de un texto

Durante la lectura, pida a los niños que se detengan y hablen acerca de lo siguiente:

- Partes que sean confusas
- Palabras que no conozcan
- Conexiones texto a texto, texto a ti mismo, texto al mundo
- La idea principal en cada capítulo o encabezado

Anime a los niños a usar las pistas del contexto para determinar el significado de las palabras que no conozcan. Estas estrategias ayudarán a los niños a aprender a analizar el texto más minuciosamente mientras leen.

Cuando termine de leer este libro, vaya a la última página para ver una **Actividad para después de la lectura.**

Contenido

El problema al excavar

¿Alguna vez te has preguntado qué sucede debajo de la tierra? Puede haber tuberías, **túneles** o incluso caminos justo debajo de ti.

Los ingenieros encuentran formas de construir ¡en cualquier lugar, incluso hacia abajo!

Algunas veces, los caminos tienen que atravesar cerros y montañas. ¿Cómo planean los ingenieros excavar a través de la montaña?

Usan una máquina para **perforar** la tierra. Una máquina para perforar un túnel tiene elementos de corte en el frente. Los elementos de corte giran y cortan la roca y la tierra.

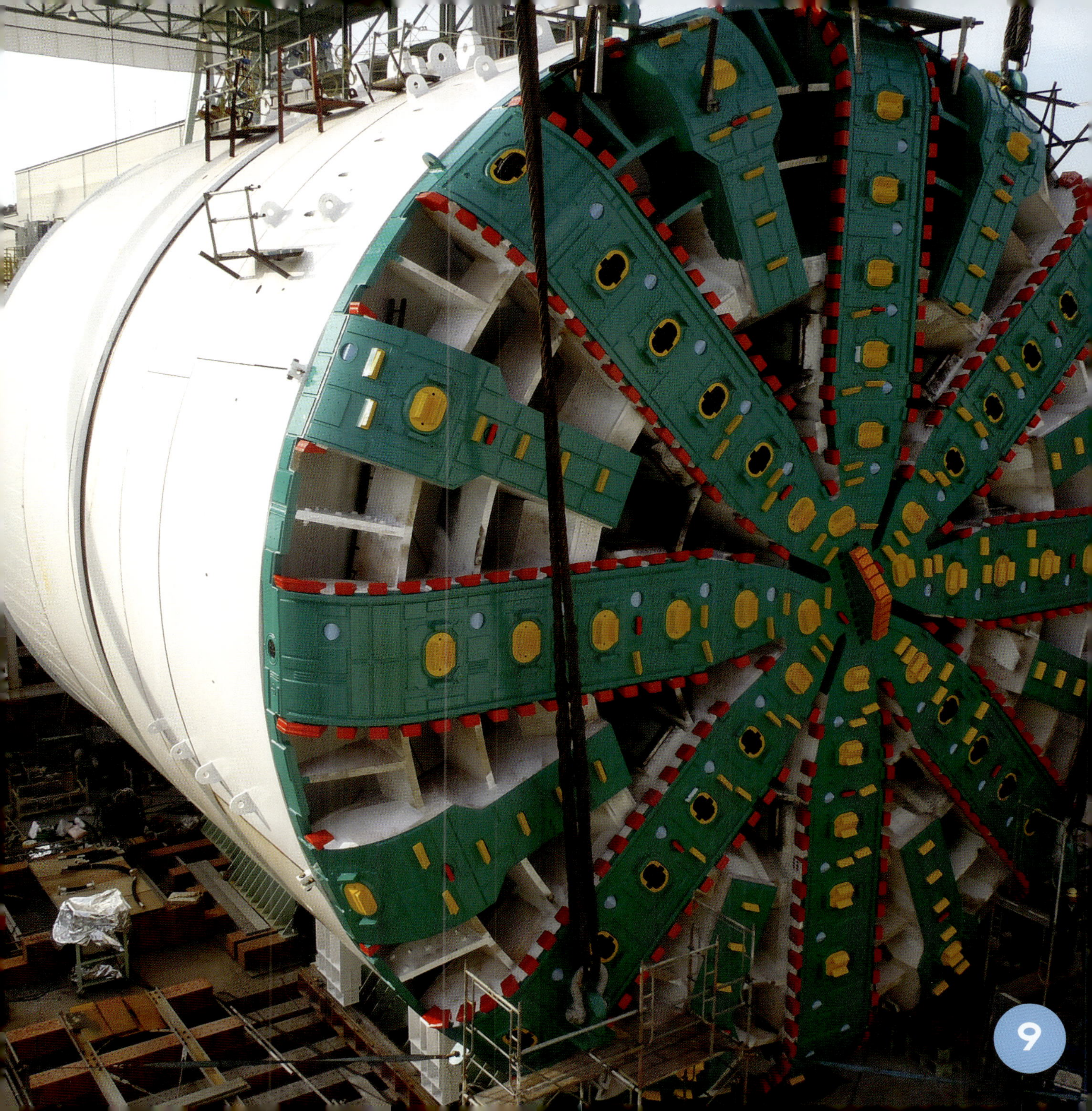

La roca y la tierra caen a través de agujeros dentro de la máquina. Una **banda transportadora** saca las rocas y la tierra del túnel.

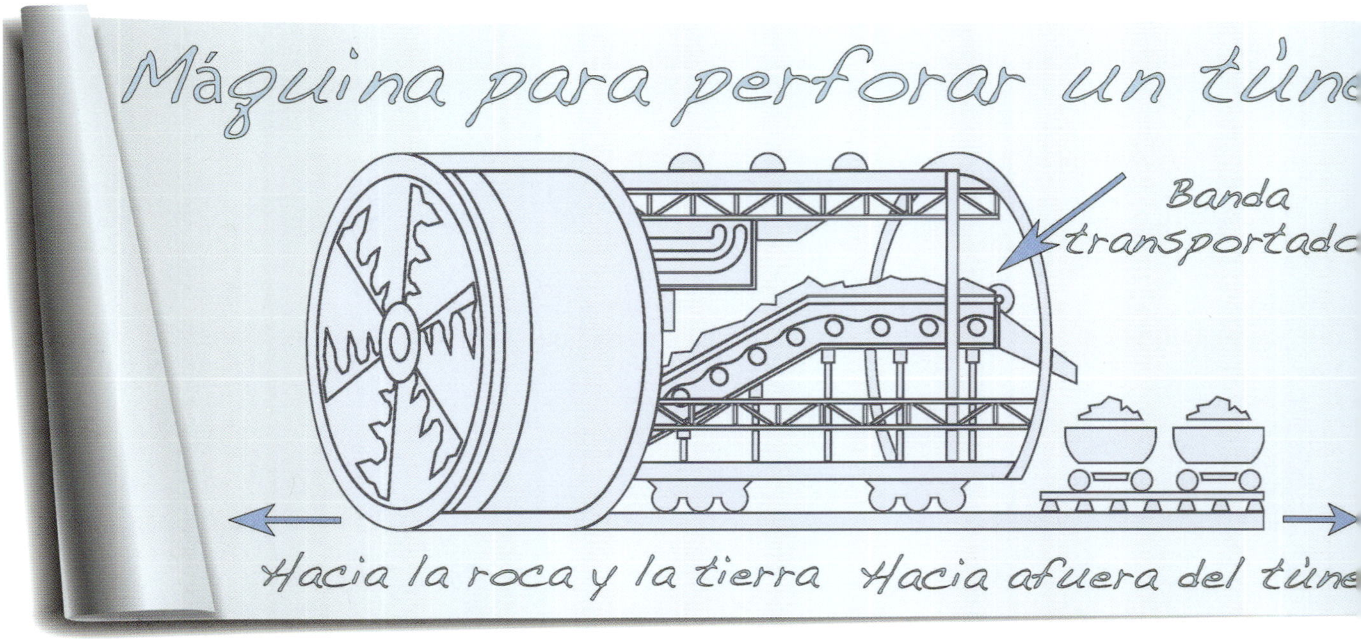

El problema del peso

Las tuberías subterráneas tienen mucho peso sobre ellas. El peso viene de la tierra, los carros y los edificios que hay arriba.

¿Qué hacen los ingenieros para que las tuberías no se rompan al estar debajo de todo ese peso?

Hacen tuberías de plástico resistente. El plástico se puede comprimir un poco sin romperse.

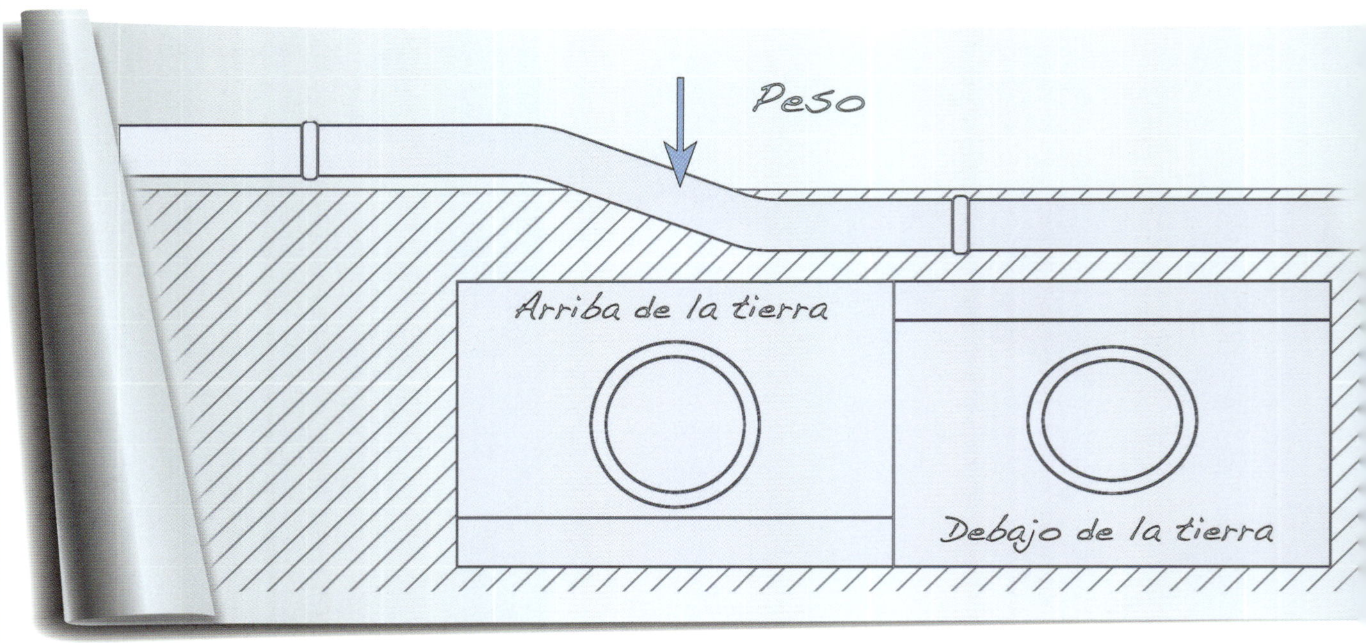

El problema del agua

Algunas veces, los puentes y las tuberías tienen que cruzar masas de agua. ¿Cómo construyen los ingenieros debajo del agua?

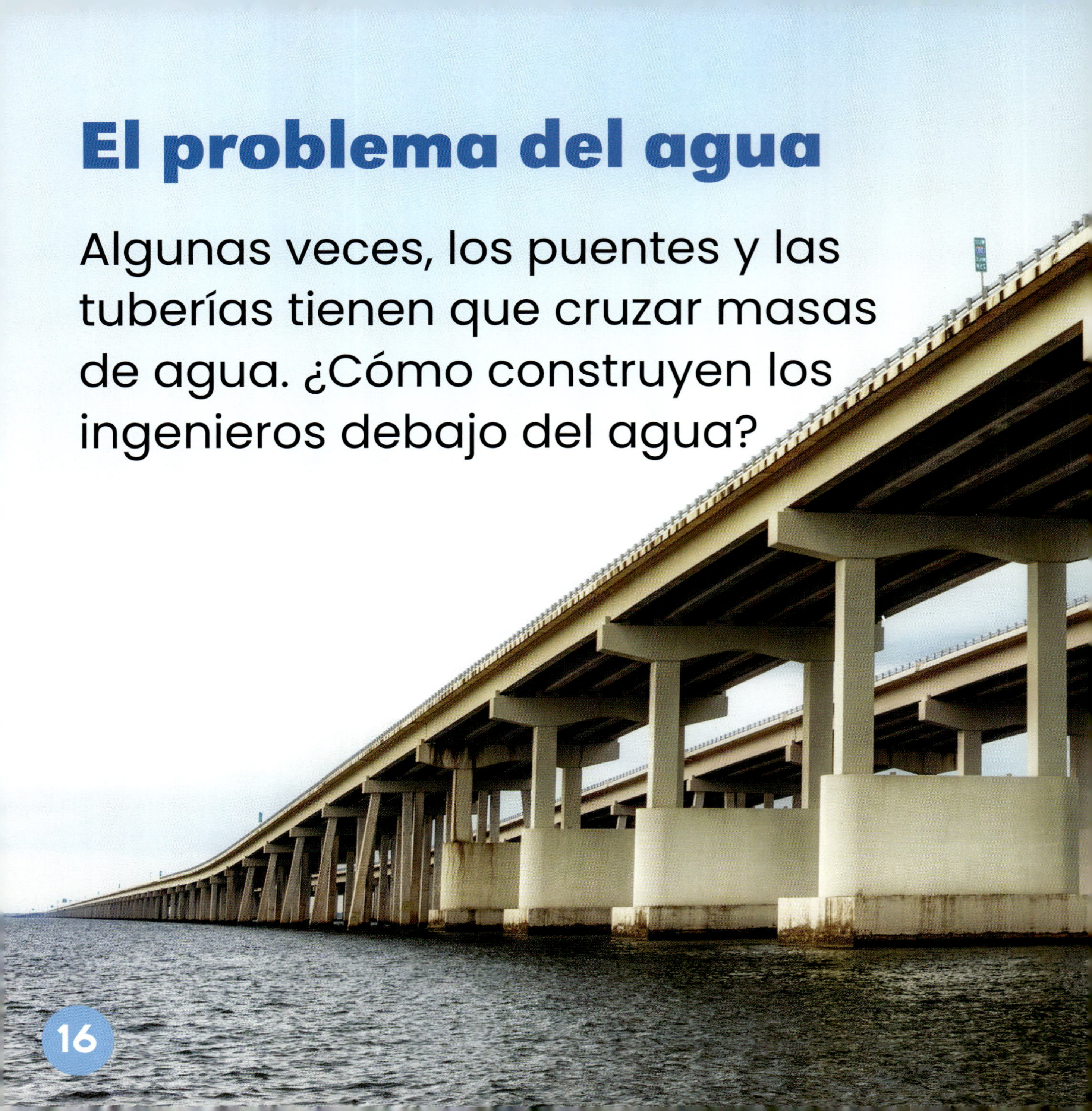

Usan **ataguías**. Las ataguías son estructuras altas sin fondo ni tapa. Se construyen en la tierra, luego se colocan en el agua.

Cuando se colocan, el agua las llena. Toda esa agua se bombea hacia afuera. Luego, las personas y las máquinas pueden excavar y construir debajo del agua sobre tierra seca.

Los ingenieros superan retos increíbles para construir hacia abajo.

Glosario de fotografías

perforar perforar (per-fo-rar): Hacer un agujero en algo con una herramienta.

banda transportadora (banda trans-por-ta-do-ra): Equipo mecánico que se usa para mover material de un lugar a otro con una banda de movimiento sin fin.

ataguías (a-ta-guí-as): Cercamientos herméticos en los cuales se bombea el agua hacia afuera para mostrar el fondo de la masa de agua para permitir la construcción.

túneles (tú-ne-les): Pasajes construidos debajo de la tierra, debajo del agua o a través de una montaña.

Actividad de diseño de ingeniería

¿Qué diseño usarás para construir hacia abajo?

Materiales

plastilina
pieza de cartón cuadrada (para construir la superficie)
palitos de madera
marcadores
carro de juguete pequeño

Instrucciones

Moldea la plastilina para formar una montaña y colócala en el centro del cartón. Haz un camino que sea del ancho de tu carro y que vaya por encima de la montaña. Excava un túnel a través de la montaña del ancho de tu carro. Coloca los palitos de madera en el túnel como soporte. Usa marcadores para dibujar el camino en el cartón, asegúrate de que vaya hacia el túnel y por encima de la montaña. ¿Cuánto peso puede soportar tu túnel? Lleva el carro por los caminos para ver qué tan resistente es tu túnel.

Índice

Acerca del autor

Además de escribir libros de ciencias para niños, Nikole Brooks Bethea es una ingeniera profesional. Sus diseños incluyen tanques de agua altos, sistemas para tratamiento de agua potable y aguas residuales e instalaciones de agua y aguas residuales subterráneas. Ella vive en la franja territorial de Florida con su esposo y sus cuatro hijos.

Actividad para después de la lectura

Mira a tu alrededor en tu vecindario y en tu pueblo. Busca construcciones subterráneas. Pauta: si ves una alcantarilla, probablemente hay drenajes, tuberías o cables subterráneos. ¿Ves túneles o puentes cruzando el agua? Mira los soportes que van debajo del agua. Haz una lista de lo que encuentres o muestra los lugares en el mapa.

Library of Congress PCN Data

Diseño y construcción hacia abajo / Nikole Brooks Bethea
(Mi biblioteca de ingeniería)
ISBN 978-1-73164-909-6 (hard cover)(alk. paper)
ISBN 978-1-73164-857-0 (soft cover)
ISBN 978-1-73164-961-4 (e-Book)
ISBN 978-1-73165-013-9 (e-Pub)
Library of Congress Control Number: 2021935436

Rourke Educational Media
Printed in the United States of America
01-1872111937

www.rourkeeducationalmedia.com

Editado por: Hailey Scragg
Cover and interior design by: Rhea Magaro-Wallace
Traducción: Alma Patricia Ramirez
Photo Credits: Cover logo: frog ©Eric Phol, test tube ©Sergey Lazarev, cover tab art ©siridhata, cover photo © saoirse_2010; page 5: © Yougen; pages 6, 7, 22: © BeccaVogt; page 9 ©Washington State Dept of Transportation; pages 11, 22: © Jose Luis Stephens; page 13: © roman023; page 15: ©8vFanl; pages 16, 17: © Art Wager; pages 19, 22: ©Capt. Jeremy Nichols; page 20:© Capt. Jeremiah Nichols; page 21 ©EvgeniyShkolenko; pages 8, 22: © Manu_Bahuguna